Dr. Oetker

Weihnachts Bäckerei

Dr. Oetker Verlag

Dr. Oetker

Weihnachts Bäckerei

Sie mögen das ganze Jahr hindurch ein Backmuffel sein, doch in der Adventszeit werden Sie – wie viele andere – von einem geheimnisvollen Backtrieb erfasst. Selbst der trübste Wintertag wird schön und gemütlich, wenn der Duft von Zimt, Vanille und Ingwer durch die Wohnung zieht. Und endlich kehren Ruhe und Behaglichkeit in das vorweihnachtliche, hektische Treiben ein. Folgen Sie uns in die märchenhafte Welt der Backstube, wo viele altbekannte Plätzchen auf Sie warten. Aber auch neue köstliche Weihnachtsleckereien werden Sie begeistern. Geben Sie sich der kindlichen Lust am Rühren, Kneten, Formen und Rollen hin und bescheren Sie Ihrer Familie traumhaft gutes Weihnachtsgebäck.

Naschkränzchen und Brezeln

(Foto Seite 4/5)	
	Für den Knetteig
300 g Weizenmehl	mit
1 Msp. Backpulver	in eine Rührschüssel sieben
100 g Zucker	
1 Pck. Vanillin-Zucker	
1 Prise Salz	
1 Fläschchen Rum-Aroma	
1 Ei (Größe M)	
150 g Butter oder Margarine	hinzufügen
	die Zutaten mit Handrührgerät mit Knethaken zunächst kurz auf niedrigster, dann auf höchster Stufe gut durcharbeiten, anschließend auf der Arbeitsfläche zu einem glatten Teig verkneten, sollte er kleben, ihn eine Zeit lang kalt stellen
	aus dem Teig 22 cm lange, bleistiftdicke Rollen formen, daraus Brezeln formen oder jeweils 2 Rollen umeinander drehen, zu Kränzchen formen, auf ein mit Backpapier belegtes Backblech legen, den Teig mit
3 EL Milch	bestreichen, mit
Hagelzucker	
Belegkirschen	garnieren
Ober-/Unterhitze	180–200 °C (vorgeheizt)
Heißluft	160–180 °C (vorgeheizt)
Gas	etwa Stufe 3 (vorgeheizt)
Backzeit	12–15 Minuten.

Butterplätzchen

	Für den Knetteig
250 g Butter	zerlassen, kalt stellen, in die erkaltete, wieder etwas fest gewordene Butter nach und nach esslöffelweise
125 g gesiebten Puderzucker	
1 Pck. Vanillin-Zucker	geben, so lange rühren, bis Butter und Zucker weiß-schaumig geworden sind, dann
300 g Weizenmehl	sieben, ⅔ davon portionsweise unterrühren, wenn der Teig fester wird,

1 EL Milch	hinzufügen, den Rest des Mehls mit dem Teigbrei zu einem glatten Teig verkneten, 3–4 Stunden oder über Nacht kalt stellen
	den Teig in kleinen Mengen dünn ausrollen, mit kleinen, beliebigen Formen ausstechen, auf ein Backblech legen
Ober-/Unterhitze	180–200 °C (vorgeheizt)
Heißluft	160–180 °C (vorgeheizt)
Gas	etwa Stufe 3 (vorgeheizt)
Backzeit	etwa 8 Minuten.

Nusssterne

	Für den Knetteig
150 g Weizenmehl	mit
1 Msp. Backpulver	mischen, in eine Rührschüssel sieben
150 g Zucker *1 Pck. Vanillin-Zucker* *150 g weiche Butter* *150 g gemahlene Haselnusskerne*	hinzufügen
	die Zutaten mit Handrührgerät mit Knethaken zunächst kurz auf niedrigster, dann auf höchster Stufe gut durcharbeiten, anschließend auf der Arbeitsfläche zu einem glatten Teig verkneten, sollte er kleben, ihn eine Zeit lang kalt stellen
	den Teig dünn ausrollen, Sterne ausstechen, auf ein gefettetes Backblech legen
Ober-/Unterhitze	180–200 °C (vorgeheizt)
Heißluft	160–180 °C (vorgeheizt)
Gas	etwa Stufe 3 (vorgeheizt)
Backzeit	etwa 10 Minuten
3 EL rotem Gelee	die Hälfte der erkalteten Plätzchen mit bestreichen, die übrigen darauf legen.
	Für den Guss
200 g Haselnussglasur	nach Anleitung auflösen
	die Plätzchen damit bestreichen, sofort mit
abgezogenen, halbierten Mandeln oder halbierten Haselnusskernen	garnieren.

Zimtsterne

	Für die Eiweißmasse
3 Eiweiß	mit Handrührgerät mit Rührbesen auf höchster Stufe so steif schlagen, dass ein Messerschnitt sichtbar bleibt
250 g Puderzucker	sieben, nach und nach unterrühren zum Bestreichen der Sterne 2 gut gehäufte Esslöffel Eischnee abnehmen
1 Pck. Vanillin-Zucker *3 Tropfen Bittermandel-Aroma* *1 gestr. TL gemahlenen Zimt*	und die Hälfte von
275–325 g nicht abgezogenen, gemahlenen Mandeln oder gemahlenen Haselnusskernen	vorsichtig auf niedrigster Stufe unter den übrigen Eischnee rühren von dem Rest der Mandeln (Haselnusskerne) so viel unterkneten, dass der Teig kaum noch klebt, ihn auf einer mit
Puderzucker	bestäubten Arbeitsfläche etwa ½ cm dick ausrollen, Sterne ausstechen, auf ein mit Backpapier belegtes Backblech legen, mit dem zurückgelassenen Eischnee bestreichen, der Guss muss so sein, dass er sich glatt auf die Sterne streichen lässt, evtl. einige Tropfen
Wasser	unterrühren
Ober-/Unterhitze	130–150 °C (vorgeheizt)
Heißluft	etwa 120 °C (vorgeheizt)
Gas	etwa Stufe 1 (vorgeheizt)
Backzeit	20–30 Minuten das Gebäck muss sich beim Herausnehmen auf der Unterseite noch etwas weich anfühlen.

TIPP

Die Menge der Mandeln oder Haselnusskerne hängt von der Größe des Eiweißes ab.

Pfeffernüsse mit Guss

	Für den Knetteig
250 g Weizenmehl	mit
½ gestr. TL Backpulver	mischen, in eine Rührschüssel sieben
160 g Zucker *3 Tropfen Zitronen-Aroma* *je 1 Msp. Ingwer,* *Kardamom, Nelken,* *weißen Pfeffer* *(alles gemahlen)* *1 gestr. EL gemahlenen Zimt* *1 Ei (Größe M)* *3 EL Milch oder Wasser* *50 g abgezogene,* *gemahlene Mandeln* *50 g gewürfeltes Zitronat* *(Sukkade)*	hinzufügen
	die Zutaten mit Handrührgerät mit Knethaken zunächst kurz auf niedrigster, dann auf höchster Stufe gut durcharbeiten, anschließend auf der Arbeitsfläche zu einem glatten Teig verkneten, sollte er kleben, noch etwas Mehl hinzugeben den Teig gut 1 cm dick ausrollen, mit einer runden Form (Ø etwa 2½ cm) ausstechen, auf ein gefettetes Backblech legen
Ober-/Unterhitze	180–200 °C (vorgeheizt)
Heißluft	160–180 °C (vorgeheizt)
Gas	etwa Stufe 3 (vorgeheizt)
Backzeit	etwa 15 Minuten.
	Für den Guss
400 g Puderzucker	sieben, mit
etwa 6 EL heißem Wasser	glatt rühren, so dass eine dickflüssige Masse entsteht, die erkalteten Pfeffernüsse damit überziehen, sollten sie hart sein, sie einige Tage offen an der Luft stehen lassen, dann in gut schließenden Dosen aufbewahren.

Spritzgebäck

	Für den Rühr-Knetteig
250 g weiche Butter oder Margarine	mit Handrührgerät mit Rührbesen auf höchster Stufe geschmeidig rühren, nach und nach
250 g Zucker *2 Pck. Vanillin-Zucker* *3 Eigelb (Größe M)* *1 Prise Salz* *1 Pck. Finesse Orangenfrucht*	unterrühren, so lange rühren, bis eine gebundene Masse entstanden ist
500 g Weizenmehl	mit
2 gestr. TL Backpulver	mischen, sieben, $\frac{2}{3}$ davon abwechselnd portionsweise auf mittlerer Stufe mit
gut 1 EL Milch	unterrühren
	den Rest des Mehls auf der Arbeitsfläche unterkneten
	den Teig durch einen Fleischwolf mit Spezialvorsatz spritzen, in Stücke von beliebiger Länge schneiden, als Stangen und Kränze auf ein Backblech legen
Ober-/Unterhitze	180–200 °C (vorgeheizt)
Heißluft	160–180 °C (vorgeheizt)
Gas	etwa Stufe 3 (vorgeheizt)
Backzeit	10–15 Minuten.
	Für den Guss
100 g Kuvertüre	in kleine Stücke schneiden, mit
etwas Kokosfett	in einem kleinen Topf im Wasserbad bei schwacher Hitze zu einer geschmeidigen Masse verrühren
	das erkaltete Gebäck mit der Schmalseite hineintauchen.

Bunte Mandelkränzchen

	Für den Rührteig
200 g Margarine	mit Handrührgerät mit Rührbesen auf höchster Stufe geschmeidig rühren, nach und nach
100 g gesiebten Puderzucker *1 Pck. Vanillin-Zucker* *1 Pck. Jamaica-Rum-Aroma* *1 Msp. gemahlenen Ingwer*	unterrühren, so lange rühren, bis eine gebundene Masse entstanden ist
1 Ei (Größe M)	unterrühren
200 g Weizenmehl	mit
1 Msp. Backpulver	mischen, sieben, portionsweise auf mittlerer Stufe unterrühren, zuletzt
125 g abgezogene, gemahlene, leicht geröstete Mandeln	unterrühren
	Teig in kleinen Portionen in einen Spritzbeutel mit gezackter Tülle füllen, in Form von Kränzchen (Ø etwa 5 cm) auf ein Backblech spritzen
Ober-/Unterhitze	180–200 °C (vorgeheizt)
Heißluft	160–180 °C (vorgeheizt)
Gas	etwa Stufe 3 (vorgeheizt)
Backzeit	etwa 12 Minuten.
	Zum Bestreichen
100 g weiße Kuvertüre	in kleine Stücke schneiden, mit
50 g Kokosfett	in einem kleinen Topf im Wasserbad bei schwacher Hitze zu einer geschmeidigen Masse verrühren, die Kränzchen zur Hälfte damit bestreichen, nach Belieben mit
Liebesperlen	bestreuen oder mit
gemahlenen Pistazien *aufgelöster, dunkler Kuvertüre*	verzieren.

TIPP

Zur Abwechslung 15 g (3 gestrichene Esslöffel) Kakao mit Weizenmehl und Backpulver mischen und unterrühren.

Spreewälder Zimtknusperchen

	Für den Teig
2 Eier (Größe M)	mit Handrührgerät mit Rührbesen auf höchster Stufe schaumig schlagen
200 g grobkörnigen Zucker	unterrühren
3 schwach geh. TL gemahlenen Zimt *1 Msp. gemahlene Nelken oder Piment* *65 g fein gehacktes Zitronat (Sukkade)* *75–100 g abgezogene, gemahlene Mandeln*	unterrühren
250 g Weizenmehl	mit
2 gestr. TL Backpulver	mischen, sieben, portionsweise auf mittlerer Stufe unterrühren, den Rest des Mehlgemisches auf der Arbeitsfläche unterkneten
	den Teig knapp ½ cm dick ausrollen, in Rechtecke (etwa 3 x 5 cm) schneiden, auf ein mit Backpapier belegtes Backblech legen.
	Zum Bestreichen und Garnieren
1 Ei (Größe S)	verschlagen
	die Teigrechtecke damit bestreichen, mit
75–100 g abgezogenen, halbierten Mandeln	garnieren
Ober-/Unterhitze	180–200 °C (vorgeheizt)
Heißluft	160–180 °C (vorgeheizt)
Gas	etwa Stufe 3 (vorgeheizt)
Backzeit	12–15 Minuten.

TIPP

Die erkalteten Zimtknusperchen in gut schließende Dosen geben und etwa 10 Tage durchziehen lassen.

OFFICE REQUISITES
& PATENTED
TRADE MARK
THE COMPLETE HOUSEHOLD
THE ESSENTIAL IMPERIAL
QUILL
STATIONERY

Walnusskipferl

	Für den Knetteig
300 g Weizenmehl	in eine Rührschüssel sieben
100 g gesiebten Puderzucker	
1 Msp. gemahlenen Zimt	
Mark aus 1 Vanilleschote	
1 Prise Salz	
1 Eigelb (Größe M)	
250 g weiche Butter	
oder Margarine	hinzufügen
	die Zutaten mit Handrührgerät mit Knethaken zunächst auf niedrigster, dann auf höchster Stufe kurz durcharbeiten
100 g gemahlene Walnusskerne	auf mittlerer Stufe unterkneten, den Teig einige Stunden kalt stellen
	aus dem Teig bleistiftdicke Rollen formen, die Rollen in etwa 5 cm lange Stücke schneiden, die Enden etwas dünner rollen, als Hörnchen auf ein Backblech legen
Ober-/Unterhitze	180–200 °C (vorgeheizt)
Heißluft	160–180 °C (vorgeheizt)
Gas	etwa Stufe 3 (vorgeheizt)
Backzeit	etwa 10 Minuten
	die Walnusskipferl sofort nach dem Backen mit
50 g zerlassener Butter	bestreichen
50 g Puderzucker	mit
1 Pck. Vanillin-Zucker	mischen, über die Kipferl sieben.

TIPP

Anstatt gemahlener Walnusskerne kann die gleiche Menge gemahlene Pekannüsse untergeknetet werden.

Spekulatius

250 g Weizenmehl	Für den Knetteig
1 gestr. TL Backpulver	mit
	mischen, in eine Rührschüssel sieben
125 g Zucker *1 Pck. Vanillin-Zucker* *1 Tropfen Bittermandel-Aroma* *je 1 Msp. gemahlenen Kardamom und gemahlene Nelken* *½ gestr. TL gemahlenen Zimt* *1 Ei (Größe M)* *100 g weiche Butter oder Margarine* *50 g abgezogene, gemahlene Mandeln*	hinzufügen
	die Zutaten mit Handrührgerät mit Knethaken zunächst kurz auf niedrigster, dann auf höchster Stufe gut durcharbeiten, anschließend auf der Arbeitsfläche zu einem glatten Teig verkneten, sollte er kleben, ihn eine Zeit lang kalt stellen den Teig dünn ausrollen, mit beliebigen Formen (vor allem Tierformen) ausstechen, auf ein gefettetes Backblech legen werden Holzmodel benutzt, den Teig in den gut bemehlten Model drücken, den überstehenden Teig abschneiden, die Spekulatius aus dem Model schlagen
Ober-/Unterhitze	180–200 °C (vorgeheizt)
Heißluft	160–180 °C (vorgeheizt)
Gas	etwa Stufe 3 (vorgeheizt)
Backzeit	etwa 10 Minuten.

TIPP

Als Abwandlung die Spekulatius vor dem Backen auf der Unterseite mit Kondensmilch bestreichen und in abgezogene, gehobelte Mandeln drücken. Mit der Mandelseite auf ein Backblech legen.

Schwarz-Weiß-Gebäck

	Für den hellen Knetteig
250 g Weizenmehl	mit
1 gestr. TL Backpulver	mischen, in eine Rührschüssel sieben
150 g Zucker	
1 Pck. Vanillin-Zucker	
½ Fläschchen Rum-Aroma oder Butter-Vanille-Aroma	
1 Ei (Größe M)	
125 g weiche Butter oder Margarine	hinzufügen, die Zutaten mit Handrührgerät mit Knethaken kurz auf niedrigster, dann auf höchster Stufe gut durcharbeiten, anschließend auf der Arbeitsfläche zu einem glatten Teig verkneten, sollte er kleben, ihn eine Zeit lang kalt stellen.
	Für den dunklen Knetteig
20 g Kakao	mit
15 g Zucker	
1 EL Milch	verrühren, unter die Hälfte des Teiges kneten die beiden Teige folgendermaßen zusammensetzen:
	Für das Schneckenmuster den hellen und den dunklen Teig zu gleichmäßig großen Rechtecken ausrollen, eines dünn mit
Eiweiß	bestreichen, das zweite darauf legen, ebenfalls bestreichen, fest zusammenwickeln.
	Für das Schachbrettmuster (ohne Abbildung) den hellen und den dunklen Teig etwa 1 cm dick ausrollen, aus dem hellen 5, aus dem dunklen 4 je 1 cm breite Streifen von gleicher Länge schneiden, mit Eiweiß bestreichen, abwechselnd je 3 neben- und übereinanderlegen, in dünn ausgerollten Teig wickeln Rollen eine Zeit lang kalt stellen, in gleichmäßige Scheiben schneiden, auf ein gefettetes Backblech legen
Ober-/Unterhitze	180–200 °C (vorgeheizt)
Heißluft	160–180 °C (vorgeheizt)
Gas	etwa Stufe 3 (vorgeheizt)
Backzeit	10–15 Minuten.

Eisblümchen und Sterne

	Für den Teig
200 g Marzipan-Rohmasse	
125 g Butter oder Margarine	mit Handrührgerät mit Knethaken verrühren, nach und nach
75 g Zucker	
1 Pck. Vanillin-Zucker	
einige Tropfen Bittermandel-Aroma	
1 Ei (Größe M)	unterrühren
200 g Weizenmehl	mit
50 g Speisestärke	
2 gestr. TL Backpulver	mischen, sieben
	⅔ des Mehlgemisches unterrühren, den Rest des Mehlgemisches auf der Arbeitsfläche unterkneten, zu einem glatten Teig verkneten.
	Für die Eisblümchen
	die Hälfte des Teiges zu haselnussgroßen Kugeln formen, in
40 g Hagelzucker	wälzen, auf ein gefettetes Backblech setzen (nicht zu dicht)
Ober-/Unterhitze	180–200 °C (vorgeheizt)
Heißluft	160–180 °C (vorgeheizt)
Gas	etwa Stufe 3 (vorgeheizt)
Backzeit	etwa 15 Minuten.
	Für die Sterne
	unter die restliche Teighälfte
30 g Weizenmehl	kneten
	den Teig dünn ausrollen, Sterne in unterschiedlichen Größen ausstechen, auf ein gefettetes Backblech legen, mit
etwas Milch	bestreichen
1 EL Zucker	mit
1 EL gemahlenem Zimt	mischen, die Sterne damit bestreuen
Ober-/Unterhitze	180–200 °C (vorgeheizt)
Heißluft	160–180 °C (vorgeheizt)
Gas	etwa Stufe 3 (vorgeheizt)
Backzeit	8–10 Minuten.

Makronenplätzchen

	Für den Knetteig
250 g Weizenmehl	
½ gestr. TL Backpulver	mischen, in eine Rührschüssel sieben
75 g Zucker	
1 Pck. Vanillin-Zucker	
3 Eigelb (Größe M)	
125 g Butter oder Margarine	hinzufügen, mit Handrührgerät mit Knethaken zunächst kurz auf niedrigster, dann auf höchster Stufe gut durcharbeiten, anschließend auf der Arbeitsfläche zu einem glatten Teig verkneten, sollte er kleben, ihn eine Zeit lang kalt stellen den Teig dünn ausrollen, mit einer runden, gezackten Form (Ø etwa 4 cm) ausstechen, auf ein mit Backpapier belegtes Backblech legen.
	Für die Makronenmasse
3 Eiweiß (Größe M)	mit Handrührgerät mit Rührbesen so steif schlagen, dass ein Messerschnitt sichtbar bleibt, darunter nach und nach
175 g Zucker	
1 Msp. gemahlenen Zimt	schlagen
200 g abgezogene, gemahlene Mandeln	
2 Tropfen Bittermandel-Aroma	unterheben die Masse in einen Spritzbeutel mit gezackter Lochtülle füllen, auf die Plätzchen spritzen, in den Backofen schieben
Ober-/Unterhitze	180–200 °C (vorgeheizt)
Heißluft	160–180 °C (vorgeheizt)
Gas	etwa Stufe 3 (vorgeheizt)
Backzeit	etwa 10 Minuten.

TIPP

Anstelle der gemahlenen Mandeln die gleiche Menge Kokosraspel verwenden.

Thorner Kathrinchen

	Für den Teig
75 g Honig	mit
60 g Zucker	
2 EL Wasser	
25 g weicher Butter	
oder Margarine	in einem kleinen Topf langsam erwärmen, zerlassen, in eine Rührschüssel geben, kalt stellen unter die fast erkaltete Masse mit Handrührgerät mit Rührbesen auf höchster Stufe
1 Ei (Größe M)	
2 TL Lebkuchengewürz	
1 Pck. Finesse Geriebene Zitronenschale	
1 EL Rum	rühren
200 g Weizenmehl	mit
100 g Roggenmehl	
2 gestr. TL Backpulver	mischen, sieben, ⅔ davon portionsweise auf mittlerer Stufe unterrühren, den Teigbrei mit dem Rest des Mehls auf der Arbeitsfläche zu einem glatten Teig verkneten, dann dünn ausrollen, Kathrinchen ausstechen oder rechteckige Plätzchen von etwa 10 x 6 cm ausschneiden, auf ein gefettetes Backblech legen, mit
Kondensmilch	bestreichen, mit
abgezogenen, halbierten Mandeln	
Haselnusskernen	
Sonnenblumenkernen	belegen die Nüsse und Mandeln nochmals mit Kondensmilch bestreichen
Ober-/Unterhitze	etwa 200 °C (vorgeheizt)
Heißluft	etwa 180 °C (vorgeheizt)
Gas	Stufe 3–4 (vorgeheizt)
Backzeit	10–12 Minuten.

TIPP *Es gibt spezielle Kathrinchenformen, sie werden als Katzenzungenform oder als an das Gewand von Nonnen erinnernd beschrieben.*

Marzipan-Mandel-Törtchen

(Für 12–14 Stück)	
	Für den Marzipan-Biskuitteig
200 g Marzipan-Rohmasse	mit Handrührgerät mit Rührbesen gut verrühren, nach und nach
75 g Zucker	
2 Eier (Größe M)	
2 Eigelb (Größe M)	unterrühren, so lange rühren, bis eine cremige Masse entstanden ist
2 Eiweiß (Größe M)	steif schlagen
30 g Zucker	unterschlagen, auf die Eiercreme geben
100 g Weizenmehl	mit
1 Msp. Backpulver	mischen, auf das Eiweiß sieben, mit
30 g gehacktem Orangeat	unterheben, den Teig in gut gefettete, mit
30 g abgezogenen, gehobelten Mandeln	ausgestreute Förmchen (Ø etwa 8 cm, Höhe 3–4 cm) füllen, mit
2–3 EL abgezogenen, gehobelten Mandeln	bestreuen
	die Förmchen auf dem Backblech in den Backofen schieben
Ober-/Unterhitze	etwa 180 °C (vorgeheizt)
Heißluft	etwa 160 °C (vorgeheizt)
Gas	Stufe 2–3 (vorgeheizt)
Backzeit	20–30 Minuten.
	Zum Aprikotieren
3 EL Aprikosenkonfitüre	durch ein Sieb streichen, mit
3 EL Rum	
1 EL Wasser	verrühren, die erkalteten Törtchen damit bestreichen, etwas antrocknen lassen, in gut schließenden Dosen aufbewahren.

Nürnberger Elisenlebkuchen

(Teig für etwa 40 Oblaten, Durchmesser etwa 6 cm)	
	Für den Teig
75 g Orangeat oder Zitronat (Sukkade)	sehr fein würfeln
125 g nicht abgezogene Mandeln	mahlen
2 Eier (Größe M)	mit Handrührgerät mit Rührbesen auf höchster Stufe in 1 Minute schaumig schlagen
200 g Farin-Zucker	mit
1 Pck. Vanillin-Zucker	mischen, in 1 Minute einstreuen, dann noch etwa 2 Minuten schlagen
1 Msp. gemahlene Nelken	
½ Fläschchen Rum-Aroma	
1–2 Tropfen Zitronen-Aroma	unterrühren, die Mandeln mit
1 Msp. Backpulver	mischen, mit dem Orangeat (Zitronat) und so viel von
*75–125 g gemahlenen Haselnusskernen**	kurz auf niedrigster Stufe unter die Eiercreme rühren, dass der Teig noch streichfähig ist, auf jede von
40 Oblaten	einen gehäuften Teelöffel des Teiges geben, mit einem in Wasser getauchten Messer bergförmig verstreichen, auf ein Backblech geben
Ober-/Unterhitze	130–150 °C (vorgeheizt)
Heißluft	etwa 120 °C (vorgeheizt)
Gas	etwa Stufe 1 (vorgeheizt)
Backzeit	25–30 Minuten.
	Für den hellen Guss
150 g Puderzucker	sieben, mit
1–2 EL heißem Wasser	glatt rühren, so dass eine dickflüssige Masse entsteht.
	Für den dunklen Guss
75 g Schokolade	mit
10 g Kokosfett	in einem kleinen Topf im Wasserbad bei schwacher Hitze zu einer geschmeidigen Masse verrühren die Hälfte der Lebkuchen gleich nach dem Backen mit hellem, den Rest mit dunklem Guss bestreichen.

* Die erforderliche Menge Haselnusskerne hängt von der Größe der Eier ab.

Tarte à l'orange

	Für den Knetteig
200 g Weizenmehl	in eine Rührschüssel sieben
25 g Zucker	
1 EL Speiseöl	
1 Pck. Vanillin-Zucker	
100 g weiche Butter	
oder Margarine	hinzufügen
	die Zutaten mit Handrührgerät mit Knethaken zunächst auf niedrigster, dann auf höchster Stufe gut durcharbeiten, anschließend auf der Arbeitsfläche zu einem glatten Teig verkneten,
	sollte er kleben, ihn eine Zeit lang kalt stellen
	eine Tarteform (Ø 26 cm) ausfetten, den Teig zu einer Platte (Ø 30 cm) ausrollen
	die Tarteform damit auslegen, den Teigboden mehrmals mit einer Gabel einstechen.
	Für den Belag
	den Teigboden mit
2–3 EL Orangenmarmelade	bestreichen
125 ml (1/8 l) Schlagsahne	mit
50 g Zucker	
3 Eiern (Größe M)	
abgeriebener Schale von	
1 Orange (unbehandelt)	verrühren, in die Form geben
5 Orangen	schälen, so dass die Haut entfernt wird, in Scheiben schneiden, schuppenförmig in Kreisen auf die Sahne-Eier-Masse legen
Ober-/Unterhitze	200–220 °C (vorgeheizt)
Heißluft	180–200 °C (vorgeheizt)
Gas	etwa Stufe 4 (vorgeheizt)
Backzeit	20–30 Minuten
	die Tarte in der Form auf einem Rost auskühlen lassen, nach dem Auskühlen in der Form schneiden, mit
Puderzucker	bestäuben.

Christstollen

	Für den Hefeteig
375 g Rosinen	mit
4 EL Rum	beträufeln, mehrere Stunden (am besten über Nacht) stehen lassen
1 Pck. Trockenhefe	mit
1 TL Zucker	in einem Schälchen mit
150 ml lauwarmer Milch	sorgfältig anrühren, etwa 15 Minuten bei Zimmertemperatur stehen lassen
375 g Weizenmehl	in eine Rührschüssel sieben, in die Mitte eine Vertiefung eindrücken
75 g Zucker 1 Pck. Vanillin-Zucker je 2 Msp. gemahlenen Kardamom und gemahlene Muskatblüte 1 Ei (Größe M) 150 g sehr weiche Margarine oder Butter	an den Rand des Mehls geben
	die angesetzte Hefe in die Vertiefung geben die Zutaten mit Handrührgerät mit Knethaken zunächst auf niedrigster, dann auf höchster Stufe in etwa 5 Minuten zu einem Teig verarbeiten den Teig zugedeckt so lange an einem warmen Ort gehen lassen, bis er sich sichtbar vergrößert hat, ihn auf der Arbeitsfläche nochmals kurz durchkneten, dabei Rum-Rosinen,
100 g gewürfeltes Zitronat (Sukkade) 100 g abgezogene, gehackte Mandeln	unterkneten
	den Teig zu einem Rechteck (30 x 20 cm) ausrollen den Teig von der längeren Seite her nicht zu locker aufrollen, zu einem Stollen formen den Stollen auf ein mit doppeltem Backpapier belegtes Backblech legen, nochmals so lange an einem warmen Ort gehen lassen, bis er sich sichtbar vergrößert hat

(Fortsetzung Seite 32)

Ober-/Unterhitze	Vorheizen etwa 25o °C, backen 16o–18o °C
Heißluft	Vorheizen etwa 22o °C, backen etwa 15o °C
Gas	Stufe 2–3 (vorgeheizt)
Backzeit	etwa 55 Minuten
	den Stollen nach dem Backen mit der Häfte von
1oo g zerlassener Butter	bestreichen, mit
Puderzucker	bestäuben, etwas abkühlen lassen, den Vorgang wiederholen.

Englischer Weihnachtskuchen

	Für den Rührteig
25o g weiche Margarine	mit Handrührgerät mit Rührbesen auf höchster Stufe geschmeidig rühren, nach und nach
25o g Farinzucker	
1 Pck. Bourbon Vanille-Zucker	
1 Pck. Finesse Jamaica-Rum-Aroma	
½ Fläschchen Zitronen-Aroma	
3 EL Rum	
1 Pck. Finesse Orangenfrucht	
½ TL gemahlenen Zimt	
1 Msp. geriebene Muskatnuss	unterrühren, so lange rühren, bis eine gebundene Masse entstanden ist
5 Eier (Größe M)	nach und nach unterrühren (jedes Ei etwa ½ Minute)
25o g Weizenmehl	mit
1 gestr. TL Backpulver	mischen, sieben, portionsweise auf mittlerer Stufe unterrühren, zuletzt
3oo g Rosinen	
3oo g Korinthen	
1oo g fein gehacktes Zitronat (Sukkade)	
1oo g fein gehacktes Orangeat	

(Fortsetzung Seite 34)

50 g abgezogene, gehackte Mandeln	
150 g rote, in Stücke geschnittene Belegkirschen	unterrühren, den Teig in eine Springform (Ø 24 cm, Boden gefettet) füllen
Ober-/Unterhitze	150–160 °C (vorgeheizt)
Heißluft	etwa 130 °C (nicht vorgeheizt)
Gas	Stufe 1–2 (nicht vorgeheizt)
Backzeit	2 ¼–2 ¾ Stunden
	das Gebäck aus der Form lösen.
	Zum Aprikotieren
4 EL Aprikosenkonfitüre	durch ein Sieb streichen, das Gebäck sofort nach dem Backen damit bestreichen, erkalten lassen.
	Für die Marzipandecke und den Marzipanrand
200 g Marzipan-Rohmasse	mit
100 g gesiebtem Puderzucker	verkneten, dünn ausrollen, eine Platte (Ø 24 cm) daraus schneiden, auf das Gebäck legen, aus dem Marzipanrest einen Streifen in Höhe des Gebäckrandes schneiden, um das Gebäck legen.
	Für den Guss
300 g Puderzucker	sieben, mit soviel von
1–2 Eiweiß (Größe M)	verrühren, dass ein dickflüssiger Guss entsteht
	das Gebäck damit überziehen, nach Belieben mit
kandierten Früchten	
Zitronat	garnieren.

Marzipan-Quarkstollen

375 g Rosinen	mit
100 ml Rum	übergießen, durchziehen lassen (am besten über Nacht).
	Für den Teig
375 g Weizenmehl	mit
4 gestr. TL Backpulver	mischen, in eine Rührschüssel sieben
125 g Zucker	
1 Pck. Vanillin-Zucker	

1 Fläschchen Butter-Vanille-Aroma je 1 Msp. gemahlenen Kardamom und gemahlene Muskatblüte abgeriebene Schale von ½ Orange (unbehandelt) 2oo g Speisequark 1 Ei, 1 Eigelb (Größe M) 15o g weiche Butter oder Margarine	hinzufügen die Zutaten mit Handrührgerät mit Knethaken zunächst kurz auf niedrigster, dann auf höchster Stufe in etwa 5 Minuten gut durcharbeiten, anschließend auf die Arbeitsfläche geben Teig evtl. leicht mit Mehl bestäuben, eine Mulde hineindrücken
1oo g fein gehacktes Zitronat (Sukkade) 2oo g abgezogene, gemahlene Mandeln	und die Rum-Rosinen hinzufügen, zu einem glatten Teig verkneten, den Teig zu einem Rechteck (3o x 2o cm) ausrollen.
	Für die Füllung
2oo g Marzipan-Rohmasse	gut durchkneten, zu einem Rechteck (3o x 15 cm) ausrollen, das Marzipan so auf den Teig legen, dass an den Längsseiten etwas Teig frei bleibt, Teig von der längeren Seite nicht zu locker aufrollen, zu einem Stollen formen, auf mit Backpapier (dreifach, der Stollen wird sonst unten zu dunkel) belegtes Backblech legen
Ober-/Unterhitze	auf 25o °C vorheizen, backen bei 16o–18o °C
Heißluft	auf etwa 22o °C vorheizen, backen bei etwa 15o °C
Gas	Stufe 2–3 (vorgeheizt)
Backzeit	5o–6o Minuten
	Stollen sofort nach dem Backen mit der Hälfte von
1oo g zerlassener Butter	bestreichen, mit
Puderzucker	bestäuben, etwas abkühlen lassen, den Vorgang wiederholen.

Baumkuchenschnitten

	Für den Rührteig
5 Eiweiß (Größe M)	steif schlagen
250 g weiche Butter	mit Handrührgerät mit Rührbesen auf höchster Stufe geschmeidig rühren
200 g Zucker	
1 Pck. Vanillin-Zucker	
5 Eigelb (Größe M)	nach und nach hinzufügen (jedes Eigelb knapp ½ Minute)
125 g Weizenmehl	mit
75 g Speisestärke	mischen, sieben, mit
100 g abgezogenen, gemahlenen Mandeln	vermengen, portionsweise auf mittlerer Stufe unter den Teig rühren
je 1 Msp. gemahlenen Kardamom und Zimt	
1 EL Rosenwasser	
1 EL Rum	hinzufügen, zum Schluss den Eischnee vorsichtig unterheben
	½ Backblech mit Backpapier belegen, eine dünne Teigschicht mit dem Teigschaber aufstreichen
Ober-/Unterhitze	etwa 220 °C (vorgeheizt)
Heißluft	etwa 200 °C (vorgeheizt)
Gas	etwa Stufe 4 (vorgeheizt)
Backzeit	etwa 5 Minuten
	das Backblech herausnehmen, eine zweite Schicht aufstreichen, nochmals backen
	auf diese Weise nacheinander 6–8 Schichten backen
	das Gebäck aus dem Backofen nehmen, auf die Arbeitsfläche stürzen, das Backpapier abziehen, sofort in Rechtecke schneiden, abkühlen lassen.
	Für den Guss
200 g Kuvertüre	in kleine Stücke schneiden, in einem kleinen Topf im Wasserbad bei schwacher Hitze geschmeidig rühren
	die Baumkuchenschnitten mit einer Gabel in die Kuvertüre tauchen, abtropfen lassen, auf ein Kuchenrost setzen
	mit einer Gabel Linien auf die Oberfläche drücken, trocknen lassen, in einer gut schließenden Dose aufbewahren.

Christkinds Möhrchentorte

	Für den Teig
7 Eigelb (Größe M)	mit
300 g braunem Rohrzucker	mit Handrührgerät mit Rührbesen auf höchster Stufe sehr schaumig schlagen
400 g abgezogene, gemahlene Mandeln	
300 g fein geriebene Möhren	
75 g Speisestärke	
½ TL gemahlenen Zimt	
1 Msp. gemahlene Nelken	
1 Msp. gemahlenen Kardamom	
1 Prise Salz	vorsichtig unterheben
7 Eiweiß (Größe M)	mit dem Handrührgerät mit Rührbesen zu steifem Schnee schlagen, unterheben
	den Teig in zwei Springformen (Ø 24 cm und Ø 16 cm, Boden gefettet, mit Backpapier belegt) füllen, glatt streichen
Ober-/Unterhitze	etwa 180 °C (vorgeheizt)
Heißluft	etwa 160 °C (nicht vorgeheizt)
Gas	Stufe 2–3 (nicht vorgeheizt)
Backzeit	etwa 55 Minuten
	die Kuchen aus den Formen stürzen, Backpapier entfernen, die Kuchen erkalten lassen.
	Für den Guss
200 g Halbbitter-Kuvertüre	in kleine Stücke schneiden, mit
20 g Kokosfett	in einem kleinen Topf im Wasserbad bei schwacher Hitze zu einer geschmeidigen Masse verrühren
	beide Kuchen damit überziehen, den kleinen Kuchen auf den großen setzen.
	Zum Garnieren
100 g Marzipan-Rohmasse	mit
50 g gesiebtem Puderzucker	verkneten, mit
Speisefarbe	färben
	Marzipan zwischen Klarsichtfolien oder auf Puderzucker ausrollen, mit Ausstechförmchen Engel und Sterne ausstechen, die Torte damit garnieren, mit Plätzchenschmuck und Kerzen dekorieren.

Weihnachts-Apfeltorte

	Für den Nussbiskuitteig
7 Eigelb (Größe M)	
180 g Zucker	
1 Pck. Vanillin-Zucker	mit Handrührgerät mit Rührbesen auf höchster Stufe in etwa 5 Minuten schaumig schlagen
300 g gemahlene Haselnusskerne	mit
50 g Speisestärke	mischen, kurz auf niedrigster Stufe unterrühren
7 Eiweiß (Größe M)	steif schlagen, vorsichtig unterziehen (nicht rühren) den Teig in eine Springform (Ø 26 cm, Boden gefettet, mit Backpapier belegt) füllen
Ober-/Unterhitze	160–180 °C (vorgeheizt)
Heißluft	140–160 °C (nicht vorgeheizt)
Gas	etwa Stufe 2 (nicht vorgeheizt)
Backzeit	etwa 1 Stunde den Boden aus der Form lösen, auf einen Kuchenrost stürzen, auskühlen lassen.
	Für die Apfelcreme
750 g Äpfel	schälen, vierteln, entkernen, in kleine Stücke schneiden, mit
100 g Zucker	
1 Pck. Bourbon Vanille-Zucker	
4 EL Zitronensaft	gar dünsten lassen
4 EL Calvados	unterrühren, die Äpfel auf ein Sieb geben, abkühlen lassen
250 ml (1/4 l) Milch	
100 ml Schlagsahne	
50 g Zucker	
1 Prise Salz	zum Kochen bringen
40 g Speisestärke	mit
2 Eigelb, 4 EL Milch	glatt rühren, in die kochende, von der Kochstelle genommene Milch rühren, kurz aufkochen, erkalten lassen, ab und zu umrühren die Creme (2 Esslöffel zurücklassen) mit den Apfelstücken vorsichtig vermengen, den Nussboden einmal waagerecht durchschneiden die Apfelcreme auf den unteren Boden streichen, mit dem oberen Boden bedecken, gut andrücken die Oberfläche der Torte mit der zurückgelassenen Creme (2 Esslöffel) bestreichen.

(Fortsetzung Seite 42)

	Für die Marzipandecke
400 g Marzipan-Rohmasse	mit
120 g gesiebtem Puderzucker	verkneten, gut ⅔ davon zwischen Sichtfolie zu einer Platte (Ø 32 cm) ausrollen, vorsichtig über die Torte legen, gut andrücken, den unteren Rand gerade schneiden.
	Zum Garnieren
	einen Teil der restlichen Marzipanmasse mit roter Speisefarbe einfärben, Äpfel daraus formen, das restliche Marzipan mit gelber Speisefarbe einfärben, dünn ausrollen, Sterne ausstechen, Torte leicht mit
Puderzucker	bestäuben, mit Marzipanäpfeln und -sternen garnieren.

Bûche de Noël

	Für den Biskuitteig
3 Eier (Größe M)	
3 Eigelb (Größe M)	
1 EL heißes Wasser	mit Handrührgerät mit Rührbesen auf höchster Stufe in 1 Minute schaumig schlagen
75 g Zucker	mit
1 Pck. Vanillin-Zucker	mischen, in 1 Minute einstreuen, dann noch etwa 2 Minuten schlagen
60 g Weizenmehl	mit
15 g Speisestärke	und
1 Msp. Backpulver	mischen, auf die Eiercreme sieben, kurz auf niedrigster Stufe unterrühren
	den Teig auf ein mit Backpapier belegtes Backblech streichen, das Papier unmittelbar vor dem Teig zur Falte knicken, so dass ein Rand entsteht
Ober-/Unterhitze	200–220 °C (vorgeheizt)
Heißluft	180–200 °C (vorgeheizt)
Gas	etwa Stufe 4 (vorgeheizt)
Backzeit	etwa 10 Minuten.

	Zum Bestreichen
125 ml (⅛ l) Orangensaft	mit
75 g Zucker	unter Rühren etwa 5 Minuten einkochen lassen den Biskuit nach dem Backen auf ein mit
Zucker	bestreutes Geschirrtuch stürzen, das Backpapier mit kaltem Wasser bestreichen, vorsichtig, aber schnell abziehen, den Biskuit sofort mit dem Orangensirup bestreichen, mit dem Geschirrtuch von der längeren Seite her aufrollen.
	Für die Creme
200 g Zucker	mit
4 EL Wasser	einkochen und abkühlen lassen
5 Eigelb (Größe M)	schaumig rühren, mit dem erkalteten Zuckersirup verrühren
50 g Kuvertüre	in einem kleinen Topf im Wasserbad bei schwacher Hitze zu einer geschmeidigen Masse verrühren, abkühlen lassen
250 g weiche Butter	geschmeidig rühren, die Kuvertüre,
30 g gesiebten Kakao	unterrühren, die Eigelbmasse nach und nach unterrühren die ausgekühlte Rolle vorsichtig auseinanderrollen, mit der Hälfte der Creme bestreichen, wieder aufrollen, die Rolle mit der übrigen Creme bestreichen, mit Hilfe einer Gabel verzieren.
	Zum Garnieren
50 g Marzipan-Rohmasse	mit
25 g gesiebtem Puderzucker	verkneten, Pilze und Blätter daraus formen, die Pilze leicht mit
Kakao	bestäuben, die Rolle damit garnieren.

TIPP

Bûche de Noël ist eine traditionelle französische Biskuitrolle, die zu Weihnachten serviert wird.

Weihnachtsbaum aus der Form

	Für den Rührteig
350 g Margarine oder Butter	mit Handrührgerät mit Rührbesen auf höchster Stufe geschmeidig rühren, nach und nach
250 g Zucker *1 Pck. Vanillin-Zucker* *1 Pck. Finesse Orangenfrucht*	unterrühren, so lange rühren, bis eine gebundene Masse entstanden ist
6 Eier (Größe M)	nach und nach unterrühren (jedes Ei etwa ½ Minute)
250 g Weizenmehl	mit
100 g Speisestärke *2 gestr. TL Backpulver*	mischen, sieben, portionsweise auf mittlerer Stufe unterrühren
100 g gehackte *Vollmilch-Schokolade*	unterrühren
	den Teig in eine gut gefettete, mit
Semmelbröseln	ausgestreute Weihnachtsbaum-Backform füllen, den Teig glatt streichen
Ober-/Unterhitze	etwa 180 °C (vorgeheizt)
Heißluft	etwa 160 °C (nicht vorgeheizt)
Gas	Stufe 2–3 (nicht vorgeheizt)
Backzeit	50–60 Minuten
	den Kuchen etwa 10 Minuten in der Form stehen lassen, auf einen Kuchenrost stürzen, erkalten lassen.
	Zum Verzieren
150 g Puderzucker	sieben, mit
2 EL Orangensaft	zu einem dickflüssigen Guss verrühren, in einen kleinen Gefrierbeutel füllen, eine kleine Spitze abschneiden, den Baum damit verzieren, nach Belieben mit
Schokoladenkugeln *Drageeperlen*	garnieren.

Knusperhäuschen

	Für den Teig
300 g Honig	
75 g Zucker	
2 Pck. Vanillin-Zucker	
1 Ei (Größe M)	
50 g sehr weiche Margarine	
4 EL Wasser	mit Handrührgerät mit Rührbesen gut verrühren
600 g Weizenmehl	mit
30 g Kakao	
3 gestr. TL Backpulver	mischen, sieben, ⅔ unterrühren, den Rest unterkneten, auf der mit Mehl bestäubten Arbeitsfläche zu einem glatten Teig verkneten den Teig knapp ½ cm dick ausrollen zunächst die vordere und die hintere Seite des Hauses (am besten nach Papierschablone, 2 Giebelseiten, Seitenlänge 10 cm, Seitenhöhe 5 cm, Firsthöhe 14 cm) ausschneiden, auf ein mit Backpapier belegtes Backblech legen, mit
flüssiger Schlagsahne	bestreichen Dach und Seitenteile (2 Rechtecke 14 x 12 cm) und (2 Rechtecke 5 x 12 cm) ausschneiden, auf ein mit Backpapier belegtes Backblech legen, mit Sahne bestreichen, aus einem Teil des restlichen Teiges Figuren in verschiedenen Größen ausstechen, auf das Dach legen, mit Sahne bestreichen
Ober-/Unterhitze	etwa 200 °C (vorgeheizt)
Heißluft	etwa 180 °C (vorgeheizt)
Gas	Stufe 3–4 (vorgeheizt)
Backzeit	etwa 15 Minuten.

Für die Gebäckplatte
einen Teil des restlichen Teiges auf einem gefetteten Backblech ausrollen, mit Sahne bestreichen, kleine Kugeln formen, als Zaun an den Rand legen
aus dem restlichen Teig Tannenbäume und Platten für den Hauseingang ausschneiden, mit auf das Backblech legen, mit Sahne bestreichen, Herdeinstellung und Backzeit siehe oben.

	Für den Guss
2oo g Puderzucker	sieben, mit so viel
Eiweiß	mit Handrührgerät mit Rührbesen verschlagen, dass eine dickflüssige Masse entsteht
	Hausteile auf der Gebäckplatte zusammensetzen
	Haus, Tannenbäume und Zaun mit
Puderzuckerguss	verzieren, nach Belieben mit
Nüssen, Süßigkeiten	garnieren, mit
Puderzucker	bestäuben.

Adventszahlen

	Für den Teig
3 Eiweiß (Größe M)	mit Handrührgerät mit Rührbesen steif schlagen
4 EL (1oo g) Honig	mit
12o g Weizenvollkornmehl	verrühren
	Eischnee auf niedrigster Stufe unterrühren, den Teig in einen Spritzbeutel mit Lochtülle füllen
	Zahlen von etwa 5 cm Höhe auf ein mit Backpapier belegtes Backblech spritzen
	das Backblech in den Backofen schieben
Ober-/Unterhitze	etwa 18o °C (vorgeheizt)
Heißluft	etwa 16o °C (vorgeheizt)
Gas	Stufe 2–3 (vorgeheizt)
Backzeit	etwa 2o Minuten.

TIPP

Die Zahlen vor dem Backen mit abgezogenen, gehackten Mandeln oder Nüssen oder Belegkirschen belegen.

Nikolausstiefel

	Für den Teig
125 g Honig	mit
50 g Zucker	
1 Pck. Vanillin-Zucker	
60 g Butter	langsam erwärmen, zerlassen, in eine Rührschüssel geben, kalt stellen
	unter die fast erkaltete Masse mit Handrührgerät mit Rührbesen
1 Eigelb (Größe M)	
je 1 Msp. gemahlenen Zimt und gemahlene Nelken	rühren
1 Prise Salz	
250 g Weizenmehl	mit
2 gestr. TL Backpulver	
1 gestr. TL Kakao	mischen, sieben, ⅔ davon portionsweise auf mittlerer Stufe unterrühren, den Rest des Mehls auf der Arbeitsfläche unterkneten
	den Teig gut ½ cm dick ausrollen, Stiefel von gewünschter Größe (am besten nach Pappschablone) ausschneiden, aus dem restlichen Teig Plätzchen ausstechen, die Teigstücke auf ein gefettetes Backblech legen
Ober-/Unterhitze	180–200 °C (vorgeheizt)
Heißluft	160–180 °C (vorgeheizt)
Gas	etwa Stufe 3 (vorgeheizt)
Backzeit	etwa 15 Minuten.
	Zum Verzieren
100 g Puderzucker	sieben, mit so viel
Eiweiß	verrühren, dass eine spritzfähige Masse entsteht
	die erkalteten Stiefel und Plätzchen mit dem Guss verzieren, mit
Gebäckschmuck	
Belegkirschen	
abgezogenen, halbierten Mandeln	garnieren.

Hefeteig-Figuren

(Für 8–10 Stutenkerle oder 8 Martinsgänse)	
	Für den Hefeteig
500 g Weizenmehl	in eine Rührschüssel sieben, mit
1 Pck. Trockenhefe	sorgfältig vermischen
2 EL Zucker	
1 gestr. TL Salz	
1 Ei, 1 Eiweiß (Größe M)	
100 g zerlassene, abgekühlte Butter oder Margarine	
gut 125 ml (1/8 l) lauwarme Milch	hinzufügen, die Zutaten mit Handrührgerät mit Knethaken zuerst auf niedrigster, dann auf höchster Stufe in etwa 5 Minuten zu einem glatten Teig verarbeiten, den Teig zugedeckt an einem warmen Ort so lange gehen lassen, bis er sich sichtbar vergrößert hat, ihn dann auf der Arbeitsfläche nochmals kurz durchkneten.
	Für Stutenkerle den Teig etwa 1 cm dick ausrollen Stutenkerle (etwa 18 cm hoch und 8 cm breit, am besten nach Pappschablone) ausschneiden, auf ein gefettetes Backblech legen, als Augen
Rosinen oder Korinthen	eindrücken
1 Eigelb (Größe M)	mit
1–2 EL Milch	verschlagen, die Stutenkerle damit bestreichen, je 1 von
8–10 Tonpfeifen	in die Stutenkerle drücken, abgedeckt nochmals etwa 20 Minuten gehen lassen
Ober-/Unterhitze	etwa 200 °C (vorgeheizt)
Heißluft	etwa 180 °C (vorgeheizt)
Gas	Stufe 3–4 (vorgeheizt)
Backzeit	15–20 Minuten.
	Für Martinsgänse den Teig knapp 1 cm dick ausrollen, Gänse (Körperlänge etwa 14 cm, Körperbreite etwa 10 cm und Gesamthöhe etwa 20 cm, am besten nach Pappschablone) ausschneiden, die Gänse auf ein gefettetes Backblech legen

(Fortsetzung Seite 52)

1 Eigelb (Größe M)	mit
1–2 EL Milch	verschlagen, die Gänse damit bestreichen
Rosinen	als Augen eindrücken, die Gänse mit
Hagelzucker	bestreuen, zugedeckt an einem warmen Ort nochmals etwa 2o Minuten gehen lassen
Ober-/Unterhitze	etwa 2oo °C (vorgeheizt)
Heißluft	etwa 18o °C (vorgeheizt)
Gas	Stufe 3–4 (vorgeheizt)
Backzeit	15–2o Minuten.

Eisenbahn

15o g gemahlene Haselnusskerne	in einer Pfanne ohne Fett leicht bräunen, abkühlen lassen.
	Für den Teig
25o g weiche Butter	mit Handrührgerät mit Rührbesen auf höchster Stufe geschmeidig rühren, nach und nach
15o g Zucker *1 Pck. Vanillin-Zucker* *½ Fläschchen Rum-Aroma* *½ TL gemahlenen Zimt* *1 Msp. gemahlene Nelken*	unterrühren, so lange rühren, bis eine gebundene Masse entstanden ist, nach und nach
4 Eier (Größe M)	unterrühren (jedes Ei etwa ½ Minute)
2oo g Weizenmehl	mit
3 TL Kakao *3 gestr. TL Backpulver*	mischen, sieben, portionsweise auf mittlerer Stufe unterrühren, zuletzt die gebräunten Haselnüsse und
1oo g fein gehackte Haselnusskerne	unterrühren, den Teig auf ein mit Backpapier belegtes Backblech streichen, das Papier unmittelbar vor dem Teig zur Falte knicken
Ober-/Unterhitze	18o–2oo °C (vorgeheizt)
Heißluft	16o–18o °C (vorgeheizt)
Gas	etwa Stufe 3 (vorgeheizt)
Backzeit	2o–25 Minuten

7 cm 8 cm 13 cm 15 cm

die Gebäckplatte stürzen, das Papier abziehen, die Platte erkalten lassen
die Wagenteile für Lokomotive und Waggons (am besten nach Pappschablone) ausschneiden, darauf achten, dass für die Lokomotive 2 gleiche Teile, die seitenverkehrt sein müssen, benötigt werden, darum die eine Schablone beim Ausschneiden einmal umgekehrt auflegen.

Zum Zusammensetzen

150 g Kuvertüre
in kleine Stücke schneiden, in einem kleinen Topf im Wasserbad bei schwacher Hitze zu einer geschmeidigen Masse rühren, die Gebäckteile damit zusammensetzen.

Zum Verzieren

etwas Puderzucker
sieben, mit
Zitronensaft
zu einer spritzfähigen Masse verrühren
etwas Kuvertüre
in einem kleinen Topf im Wasserbad bei schwacher Hitze auflösen, die Eisenbahn mit dem Puderzuckerguss und der Kuvertüre verzieren.

Zum Garnieren

200 g Marzipan-Rohmasse
mit
50 g gesiebtem Puderzucker
verkneten, gut ½ cm dick ausrollen, Motive (Tannenbäume, Sterne usw.) ausstechen, mit
Eiweiß
bestreichen, unter dem vorgeheizten Grill leicht bräunen oder die Marzipanmasse vor dem Ausrollen mit Speisefarben einfärben (nicht grillen).

Rosinen-Rum-Kugeln

(Foto)	
100 g weiche Butter	mit Handrührgerät mit Rührbesen geschmeidig rühren, nach und nach
100 g gesiebten Puderzucker *1 Pck. Vanillin-Zucker* *300 g geriebene Blockschokolade* *3 EL Rum*	unterrühren, zum Schluss
125 g in Rum eingelegte Rosinen	hinzufügen, die Masse eine Zeit lang kalt stellen, kleine Kugeln daraus formen, in
100–150 g Schokoladen-streuseln (wahlweise Kakaopulver, Kokosraspel oder Puderzucker)	wälzen
	die Rumkugeln in Pralinenförmchen legen, in Cellophantüten verpackt oder in verschlossenen Glas- oder Porzellangefäßen kühl aufbewahren.

Calvados-Pralinen

4 Apfelringe (getrocknet)	sehr fein würfeln, mit
3 EL Calvados	übergießen, zugedeckt 3–4 Stunden durchziehen lassen
200 ml Schlagsahne	zum Kochen bringen, von der Kochstelle nehmen
250 g Kuvertüre	fein schneiden, zusammen mit
100 g Kokosfett	zu der Sahne geben, unter Rühren auflösen, abkühlen lassen, bis die Masse halbfest ist, dann cremig aufschlagen
	die Apfelstücke mit dem Calvados unterrühren
	die Masse in einen Spritzbeutel mit weiter Sterntülle geben, Tuffs in
Pralinenförmchen	spritzen, mit
Pistazienstückchen	oder
Mandeln	garnieren.

Fruchtig-kerniges Marzipanbrot

(Foto)

50 g Marzipan-Rohmasse (mit Honig gesüßt)	mit
10 g abgezogenen, gehackten Mandeln 10 g gehackten Walnusskernen 1 TL Sesamsamen 10 g fein gehacktem Orangeat je 1 fein gewürfelten Trockenpflaume und -aprikose 1 getrockneten, fein gewürfelten Apfelring	verkneten, die Masse zu einem Brot formen
20 g Edelbitter-Schokolade	mit
etwas Kokosfett	in einem kleinen Topf im Wasserbad bei schwacher Hitze geschmeidig rühren, das Marzipanbrot damit bestreichen, im Kühlschrank fest werden lassen, in Cellophanpapier verpackt kühl aufbewahren, nach Belieben mit
Sesamsamen Marzipanmotiven	garnieren.

Zimt-Canache-Stangen

100 ml Schlagsahne	in einem Topf zum Kochen bringen, von der Kochstelle nehmen
200 g Vollmilch-Kuvertüre	sehr fein schneiden, mit
25 g weicher Butter 1 schwach gehäuften TL gemahlenem Zimt	zu der Sahne geben, unter Rühren auflösen, abkühlen lassen, bis die Masse halbfest ist, dann cremig aufschlagen, in einen Spritzbeutel mit weiter Lochtülle geben, Stangen von etwa 3 cm Länge auf Alufolie spritzen, kalt stellen
2 EL Puderzucker	mit
½ TL gemahlenem Zimt	mischen, sieben, die Stangen darin wälzen, in gut schließenden Dosen kühl aufbewahren.

Kaum zu glauben, dass die Adventszeit – der Inbegriff der süßen Genüsse – bis ins 18. Jahrhundert als Fastenzeit galt. Von dieser kargen Sitte ist heutzutage glücklicherweise so gut wie nichts übrig geblieben. Allenfalls Lebkuchen haben entfernte Ähnlichkeit mit dem damals üblichen Fastenbrot.
Ob Backmuffel oder -meister, in der Adventszeit reizt es jeden, schlummernde Talente zu wecken. Damit nichts schief geht, hier noch ein paar Tipps und Tricks rund um die Weihnachtsbäckerei. Wissenswertes über notwendiges „Handwerkszeug“, Backzubehör und -zutaten, Verzierungen und Aufbewahrungsmöglichkeiten.

Backtipps

Mandeln abziehen
Mandeln werden meist abgezogen verwendet. Dafür die Mandeln zunächst in kochendes Wasser geben, kurz aufkochen lassen. In ein Sieb geben, mit kaltem Wasser abspülen. Die Mandeln aus den Häutchen drücken. Die Mandeln hacken, mahlen oder hobeln.

Nüsse schälen
Nüsse auf ein trockenes, sauberes Backblech legen, im Backofen bei etwa 130 °C so lange erhitzen, bis sich die braunen Häutchen abreiben lassen. Die heißen Nüsse in ein sauberes Küchentuch geben und die Häutchen mit Kreisbewegungen abreiben.

Nüsse und Mandeln rösten
Ganze, gehackte oder gemahlene Nüsse oder Mandeln unter ständigem Rühren ohne Fettzugabe in einer Pfanne rösten. Sie bekommen ein intensiveres Aroma. Nüsse und Mandeln abkühlen lassen, dann weiterverarbeiten.

Kuvertüre temperieren
Kuvertüre im Wasserbad langsam schmelzen, abkühlen lassen und nochmals vorsichtig erwärmen.

Backformen vorbereiten
Backformen mit weicher Margarine oder Butter (nicht mit Öl) gleichmäßig einfetten. Kastenformen evtl. mit Weizenmehl, Semmelbröseln, Kokosflocken, gemahlenen Nüssen oder Mandeln ausstreuen. Überschüssiges Mehl oder Semmelbrösel durch Klopfen auf die Form und Umdrehen abstoßen.

Backformen in den Ofen schieben
Gefüllte Backformen zum Backen auf den Rost und nicht auf den Backofenboden stellen. Das Gebäck würde zu dunkel werden. Bei der Einschubhöhe die Anweisungen des Herstellers beachten.

Mehrere Partien Plätzchen backen
Ist nur ein Backblech vorhanden, soll jedoch eine größere Anzahl Plätzchen gebacken werden, kann man sich folgendermaßen behelfen: mehrere Backpapierstücke in der Größe des Backblechs zuschneiden. Die Bögen mit den ausgestochenen oder geformten Plätzchen belegen. Die belegten Papierbögen an der flachen Seite auf das Backblech ziehen. Das Gebäck kann so nacheinander gebacken werden.

Gebäck auskühlen lassen
Gebäck zuerst auf einem Kuchengitter auskühlen lassen, damit der Boden nicht feucht wird. Erst danach auf die Kuchenplatte setzen. Wenn das Gebäck auf Backpapier gebacken wurde, dieses sofort nach dem Backen flach abziehen.

Garprobe
Plätzchen sind gar, wenn die Oberfläche gelblich bis goldbraun ist. Um zu prüfen, ob Kuchen schon gar sind, nimmt man ein Holzstäbchen und steckt es an der tiefsten Stelle in den Kuchen. Ist das Hölzchen trocken und haftet kein Teig mehr daran, ist der Kuchen gar. Biskuitplatten sind gar, wenn bei Fingerdruck keine Druckstelle auf der Oberfläche zurückbleibt.

Mehl gegen Vollkornmehl austauschen
Wird Vollkornmehl verwendet, quillt der Teig durch den hohen Kleieanteil und die Konsistenz des Teiges wird zu fest. Dementsprechend muss die Flüssigkeitsmenge erhöht werden.

Backpulvermengen bei Vollkornteigen
Wenn mit Vollkornmehl gebacken wird, sollte etwas mehr Backpulver verwendet werden. Wegen des Kleieanteils ist der Teig schwerer und geht nicht so leicht auf.

Honig und Ahornsirup anstatt Zucker
Zucker kann nicht ohne weiteres gegen Ahronsirup oder Honig ausgetauscht werden. Die Süßkraft von Honig und Ahornsirup ist etwas geringer als die von Zucker. Außerdem werden die Teige zu weich, so dass noch etwas Mehl zugefügt werden muss.

Zitronenschale abreiben
Zum Abreiben der Zitronenschale einen Streifen Pergamentpapier über die Reibe legen, nur das Gelbe der Schale abreiben, das Weiße ist bitter.

Gebäck aufbewahren

Damit Sie auch möglichst die ganze Adventszeit hindurch etwas von den Plätzchen haben, sollten Sie überlegen, wann Sie was backen wollen:

Lebkuchengebäck, z. B. Thorner Kathrinchen, brauchen viel Zeit zum Durchziehen. Am besten zu Beginn der Adventszeit backen. Mit einem Stück Apfel, der die Feuchtigkeit an das Gebäck abgibt, in eine Dose schichten. Deckel nur lose auflegen.

Butter- und Knetteigplätzchen
etwa 2 Wochen vor dem Verzehr backen. Knuspriges Gebäck wie Walnusskipferl in einer fest schließenden Dose aufbewahren, damit es keine Feuchtigkeit aus der Luft aufnimmt.

Marzipangebäck und Gebäck mit Konfitüre etwa 1–2 Wochen vor dem Fest backen. Marzipangebäck hält sich ebenfalls mit einem Stück Apfel oder Brot, die die Feuchtigkeit erhalten, in einer Dose mit leicht aufgelegtem Deckel am besten.

Makronengebäck schmeckt frisch am leckersten. Sie dürfen nicht zu stark ausgebacken werden, sondern müssen sich noch weich anfühlen. Beim Auskühlen auf dem Kuchenrost trocknen sie nach. Die Knusprigkeit hält sich kurzfristig in fest verschlossenen Dosen.

Stollen sollte nach dem völligen Erkalten auf dem Kuchenrost in Alufolie gewickelt werden. Wenn er kühl und trocken gelagert wird, bleibt er bis zu 4 Wochen frisch und das Aroma der Früchte und Gewürze zieht durch das ganze Gebäck.

Plätzchen

Kleingebäck

Kuchen

Torten

Figürliches Backen

Konfekt

Ratgeber

Umwelthinweis Dieses Buch und der Schutzumschlag wurden auf chlorfrei gebleichtem Papier gedruckt. Die Einschrumpffolie – zum Schutz vor Verschmutzung – ist aus umweltfreundlichem und recyclingfähigem PE-Material.

Wenn Sie Rezeptanregungen, Vorschläge oder Fragen zu unseren Büchern haben, rufen Sie uns unter folgender Nummer an:
0521/155 25 80 oder 52 06 58 oder schreiben Sie uns:
Dr. Oetker Verlag KG, Am Bach 11, 33602 Bielefeld

Redaktion Jasmin Gromzik, Miriam Krampitz

Kapiteltexte Doris Pieper, Rheda-Wiedenbrück

Rezeptberatung Annette Elges, Bielefeld

Titelfoto Thomas Diercks, Hamburg

Innenfotos Christiane Pries, Borgholzhausen
Fotostudio Toelle, Bielefeld
Brigitte Wegner, Bielefeld

Satz und Gestaltung MDH Haselhorst, Bielefeld

Herstellung GGP Media, Pößneck

ISBN 3-7670-0691-X